필사로 새겨보는 독서의 힘

The Power of Reading & Transcribing

필사로 새겨보는
독서의 힘

눈으로 읽고 손끝으로 느끼는 선현들의 지혜

김을호 편저

자유문고

선인들이 남긴 최고의 유산

독서는 참으로 어렵다. 다른 장르를 감상하는 것과 다르게 직접 눈으로 읽고 한 군데 틀어박혀서 시선을 집중해야 하기 때문이다. 의지와 인내를 요구하는 것이 독서이다. 전국에 독서지도를 강연하러 다니는 나는 독서의 필요성을 수없이 이야기한다. 그런데 내가 하는 이야기들은 사실 특별히 새로운 것이 없다. 선인들이 이미 다 이야기한 것일 뿐이다. 독서를 왜 해야 하는지, 어떻게 해야 하는지, 무슨 책을 읽으면 좋은지, 이런 것에 대해서 수많은 독자들은 관심을 보이는데 사실 성현들은 이 고민을 수백 년 수천 년 전부터 해왔다. 그들의 고민을 오늘날 우리가 받아들이고 새긴다면 독서에 대한 궁금증은 쉽게 해소될 것이다.

이 책은 독서와 책의 중요성을 이야기한 성현들의 말씀을 필사하기 좋도록 모아 엮은 것이다. 짧은 글들이지만 한 구절 한 구절이 독서의 길잡이 역할을 해줄 것이다. 필사로 서서히 쓰다 보면 그들의 고민이 내 것이 된다. 그리하여 책을 보거나 독서하는 안목이 생길 수 있을 것이다. 독서는 올바른 길로 방향을 잡고 가야 한다. 책에 따라 읽는 방법도 다르고, 책에 따라 쓰임도 다르다. 독서에 대한 명언 관용구들을 찾아 필사적으로 엮었으니 읽고 말 것이 아니라 직접 펜을 들어 써봄으로써 선인들의 길을 뒤따라 밟아 가는 것도 의미가 있을 것이다. 양서良書를 골라 그것을 읽고 그들의 고민을 나의 삶에 투영시키면 내 삶이 보다 풍요로워질 것이다. 내 인생에 도움이 되고 등불이 되는 필사책이 된다면 더 바랄 것이 없겠다.

2016. 겨울
김을호

1. 독서의 힘

책은 다만 읽는 것이 귀중하니, 많이 읽으면 자연히 깨닫게 된다. 동우도 '글을 백 번 읽으면 그 뜻을 스스로 깨우쳐 알게 된다.(讀書百遍義自見)'라고 말했다.

– 주자

朱子(1130~1200): 중국 송宋나라 유학자.

아무리 어려운 글이라도 읽고 또 읽으면 그 내용이 이해가 된다는 의미로, 독서에 관한 아주 유명한 말이다. 동우董遇는 중국 후한 말 사람으로, 그 자신이 아주 어려운 환경에서 자라나 혼자 책을 읽으며 학문을 닦아 정승이 된 사람이다.

책 없는 방은 영혼 없는 육체와 같다.

-키케로

M.T. Cicero(B.C.106~B.C.43): 로마 정치가, 철학자

로마의 정치가이며 철학자인 키케로는, 인간이 방에 머무를 때에
도 손에서 책을 놓지 말고 가까이 하면서 늘 스스로를 계발하고
발전시켜야 한다는 의미에서 이런 말을 했다.

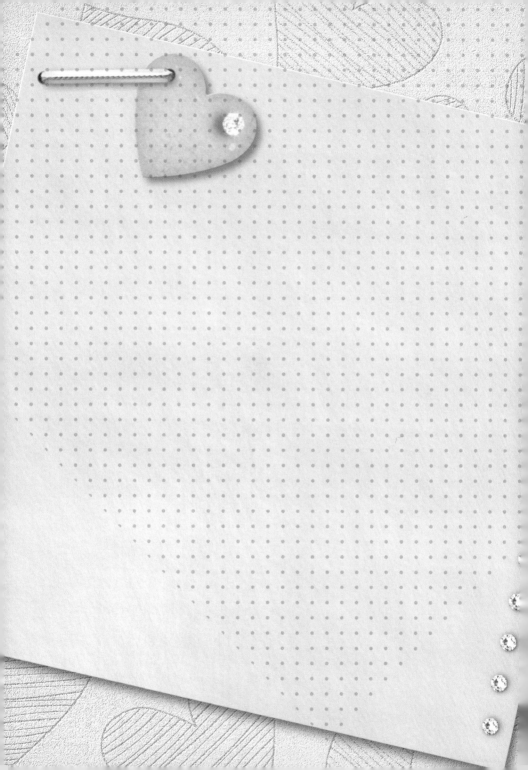

즐거움을 맛보거나 자극을 얻으려고 독서를 하느냐, 혹은 인식과 교훈을 얻기 위해서 독서를 하느냐 하는 문제는 커다란 차이가 있다.

-괴테

J.W. Goethe(1749~1832): 독일의 작가.

독서는 다양한 효능이 있다. 어떤 목적을 가지고, 혹은 어떤 마음으로 독서를 하느냐에 따라 그 결과도 달라짐을 표현한 글이다.

독서는 정독(精讀)하되, 자기 나름의 판단을 하는 사색이 꼭
필요하다. 그럴 때만이 저자 또는 선인들의 생각을 넓고 깊
게 수용할 수 있다.

-김대중

金大中(1924~2009): 제15대 대통령. 2000년 노벨평화상 수상.

가장 독서를 많이 한 대통령이었던 그는 독서가 책 읽기에 그치지
않고, 자신의 생각이나 삶에 연관 지어 사색하고 깊이 천착할 때
비로소 내 것이 됨을 꿰뚫고 있다.

독서의 즐거움은 관능을 만족시키는 데 있는 게 아니라 지성을 만족시키는 데 있다.

-몸

W.S. Maugham(1874~1965): 영국의 소설가. 『인간의 굴레』, 『달과 6펜스』의 저자.

독서의 두 가지 대표적 효용인 재미와 지식을 문학적으로 표현하고 있다. 물론 지식의 매개체로서 책의 역할이 중요하지만 요즘 같은 시절에는 책이 주는 쾌락도 덕목이 될 수 있다.

독서만큼 값이 싸면서도 오랫동안 즐거움을 누릴 수 있는
것은 없다.

-몽테뉴

M.E. Montaigne(1533~1592): 프랑스의 사상가, 철학자.
『수상록』의 저자.

오랜 시간 독서는 인류에게 즐거움을 주는 대상이었다. 최근 기술
의 발달로 비디오, 스마트폰 등에 의해 그 역할이 급격히 쇠락했지
만 여전히 교양을 쌓게 해주면서 즐거움을 주는 도구로는 책이 으
뜸이다. 게다가 그 가성비를 감안하면 더욱 그렇다.

독서는 완성된 사람을 만들고,

담론은 재치 있는 사람을 만들며,

필기는 정확한 사람을 만든다.

-베이컨

F. Bacon(1561~1626): 영국의 철학자, 정치가. 근대 경험론의 선구자.

언어교육의 4대 목표인 말하기, 듣기, 쓰기, 읽기 가운데 하나인
읽기의 중요성을 말하고 있다. 책을 읽고 토론하며 글로 쓸 수 있
다면 독서를 통해 언어의 통달도 얻을 수 있다.

내 생각으로는 기억에 남기려고 애쓰지 말고 다만 기분전
환식으로 읽는 것이 훌륭한 독서법인 것 같은데, 이 방법을
알고 있는 사람은 별로 많지 않다. 이런 독서는 우리들을 성
장시키고 우리들의 정신을 부드럽고 온화하게 만든다.

……

좋은 책 한 권을 꾸준히 읽는 데서 우리는 행복의 샘을 발
견할 수 있다. 몇 페이지 훑어보고 내 던진다면 독서의 행복
을 맛보지 못한다. 이것은 단지 독서뿐만 아니라 매사가 다
그렇다. 자기 자신 속에 행복의 샘을 파는 일은 어느 정도의
참을성과 끈기가 필요하다.

-알랭

Alain(1868~1951): 프랑스의 철학자, 평론가. 『행복론』, 『예술론집』 등의
저자.

독서는 인격도야의 수단이고 즐거움이라는 것을 종합적으로 주장
하고 있다. 독서는 다른 매체와 달리 의식적으로 글자를 읽어야 한
다. 이것이 참을성과 끈기를 기르고, 이는 곧 개인의 정서계발과도
연결됨을 알 수 있다.

사람들이 독서하는 데 있어서 입으로만 읽고 마음으로 체험하지 아니하며 몸으로 행하지 아니하면, 글은 다만 글자에 지나지 않으며 나는 나대로라는 격이니 실제로 유익한 것은 없다.

– 이이

李珥(1536~1584): 조선 중기의 문신. 호는 율곡栗谷.

독서의 궁극적 목적은 결국 실천이고 행동임을 말하고 있다. 즉 행간의 의미를 파악하고, 그것을 내재화 하며, 궁극에는 실천으로 옮기는 과정을 잘 드러내주고 있다.

교육 또는 교양의 목적은 지식 가운데 견식을 키우며 행실 가운데 훌륭한 덕을 쌓는 데 있다. 교양 있는 사람이나, 또는 이상적으로 교육을 받는 사람이란 반드시 독서를 많이 한 사람이나 박식한 사람을 가리키는 것이 아니라, 사물을 옳게 받아들여서 사랑하고 올바르게 혐오하는 사람을 뜻한다.

......

기분 좋은 잠과 부담 없는 독서 사이에는 밀접한 관계가 있다. 어느 경우에도 심장의 고동이 부드러워지고 긴장감이 풀리며, 마음은 냉정하게 된다. 최선의 독서법은 잠자리 곁에서의 독서이다.

-린위탕

林語堂(1895~1976): 중국의 작가, 문명비평가.

독서만이 올바른 인격을 가진 자로 만드는 유일한 길은 아님을 말한다. 하지만 사물을 제대로 단시간에 받아들이는 길은 독서보다 좋은 것도 별로 없다.

독서를 잘 하는 사람은 마땅히 책을 읽어 손발이 춤추는 경지에까지 이르러야 한다. 그래야 비로소 형식에 구애받지 않느니라. 사물을 잘 보는 사람은 마땅히 마음과 정신이 녹아서 물건과 하나가 될 때까지 이르러야 한다. 그래야 외형에 구애받지 않느니라.

-채근담

菜根譚: 중국 명나라 말기 홍자성洪自誠의 저서.

이 글 역시 독서의 완성은 실천임을 밝히고 있다. 아는 것을 실천하는 것은 결코 쉬운 일이 아니다. 독서는 행동을 이끄는 엔진이나 마찬가지다.

인간이 사물의 사진을 찍는 것은 사물을 감각으로부터 추방하기 위한 것이다. 그리고 나의 글은 애초에 눈을 감아 버리자는 시도인 것이다. 사람이 독서를 하는 것은 의문을 던져 보기 위해서이다. 그런 의문의 여지를 별로 남겨 주지 않는 작가들은 자신을 자상한 작가라고 착각하고 있을지도 모르지만 실상은 읽을 맛이 안 나는 작가들이다. 생활에서는 쉽게 쓸 거리를 끄집어 낼 수가 없다. 오늘날에도 역시 읽어야 할 것은 고전이다. 고전 중에서도 괴테를.

-카프카

F. Kafka(1883~1924): 유대계 독일 작가. 실존주의 문학의 선구자.

독서를 통해 의문을 주고 모든 것에 회의를 품게 하는 것이 진정한 독서의 목적이라 여긴 카프카는 그런 작품을 쓴 사람으로 괴테를 뽑았다. 괴테야말로 작가도 읽고 공부해야 할 문호이자 천재임을 천재 작가가 인정한 셈이다.

독서는 다만 지식의 재료를 공급할 뿐이며, 그것을 자기 것
이 되게 하는 것은 사색의 힘이다.

-로크

J. Locke(1632~1704): 영국의 철학자, 정치학자.

독서를 할 때 정독을 하고 되새김질하는 과정이 필요함을 지적한
말이다. 독서와 사색은 뗄 수 없는 관계이다. 내용을 깊이 이해하
고 내 것으로 만들려면 깊은 고민과 성찰이 필요하다.

책의 남용은 과학을 죽인다. 읽었다고 해서 그것을 아는 것
이라 생각하기에, 우리는 한 번 읽은 것은 더 이상 공부할
필요가 없다고 생각해 버린다. 지나친 독서는 설익은 무식
쟁이를 만들어 낼 뿐이다.

-루소

J.J. Rousseau(1712~1778): 프랑스 사상가, 작가. 『에밀』의 저자.

어설프게 독서를 하면 그 좁은 소견으로 세상이 다 자기 것처럼
보인다. 책은 수많은 지식과 경험의 일부를 개인이 서술해 놓은 것
이다. 다양한 경험과 시각으로 끝없이 보강해야 산지식이 된다.

2. 책의 소중함

양서를 읽기 위해서는 악서를 읽지 말아야 한다. 인생은 짧고, 시간과 정력에는 한계가 있기 때문이다.

-쇼펜하우어

A. Schopenhauer(1788~1860): 독일의 철학자. 염세관을 주장.

제한된 인생에서 가장 가치 있는 일을 우선적으로 하라는 의미다. 그러려면 책을 읽더라도 좋은 책부터 읽어야 한다. 내 인생은 소중하고 시간은 제한되어 있으니까.

청년 시절에 책을 읽는 것은 문틈으로 달을 바라보는 것 같고, 중년 시절에 책을 읽는 것은 자기 집 뜰에서 달을 바라보는 것 같고, 노경(老境)에 이르러 책을 읽는 것은 창공 아래 노대에 서서 달을 바라보는 것 같다.

-린위탕

林語堂(1895~1976) : 중국의 작가, 문명비평가.

같은 책을 읽더라도 자신이 어느 정도 성숙했느냐에 따라 그에 대한 이해가 달라진다는 것을 보여준다. 죽는 날까지 독서를 게을리 하면 안 되는 이유가 여기에 있다.

책은 위대한 천재가 인류에게 남긴 유산이며, 그것은 아직 태어나지 않은 자손들에게 주는 선물로써 한 세대에서 다른 세대로 전달된다.

-조지프 애디슨

J. Addison(1672~1719): 영국 수필가. 시인

조지프 애디슨은 영국의 수필가 겸 시인이고 정치가다. 인류의 발전이 결국 언어를 글로 적고, 글을 책으로 엮어 물려줌으로써 이루어진 것임을 말하고 있다.

책은 인류의 저주다. 현재 남아 있는 책의 9할은 시시한 것들이고 똑똑한 책들은 그 시시함을 논평하는 것들이다. 인간에게 내려진 최대의 불행은 인쇄의 발명이다.

-벤자민 디즈레일리

B. Disraeli(1804~1881): 영국의 정치가, 소설가.

책을 통해 인류의 지성이 발전된 것은 사실이지만 악화惡貨가 양화良貨를 구축하듯 부정적인 면도 있다. 함량미달의 책을 남발해 사람들에게 혼란을 주는 것이 바로 그것이니, 양서를 골라 읽는 눈을 기르는 것이 중요하다. 전문가나 지인에게 추천을 받는 것도 방법 중의 하나이다.

그 이름에 부끄럽지 않은 예술가에게는, 자연의 모든 것이
아름다운 법입니다. 그의 눈동자는 외면의 모든 진실을 대
담하게 받아들여 마치 펼쳐진 책을 읽듯이, 거기에서 쉽사
리 모든 내적 진실을 읽을 수 있는 것입니다.

-로댕

A. Rodin(1840~1917): 프랑스의 조각가.

자연도 거대한 책의 하나이다. 독서를 하듯 자연을 보고 받아들이
면 진실을 읽어낼 수 있는 것이다.

좋은 책이 있어도 읽지 않는 자는 그 책을 읽지 못하는 자보
다 나을 것이 없다.
좋은 친구와 좋은 책, 그리고 살아 있는 양심이야말로 가장
이상적인 생활이다.

-마크 트웨인

M. Twain(1835~1910): 미국의 소설가. 『톰 소여의 모험』, 『왕자와 거지』
등의 저자.

살아 있는 양심이란 행동을 뜻한다. 독서의 목적이 결국은 행동하
고 살아 움직이는 사람이 되기 위함이기 때문이다.

돈을 모아서 자손에게 물려준다 하더라도 그들이 반드시
다 지킨다고 볼 수 없다. 책을 모아 자손에게 남겨 준다 하
여도 자손이 반드시 다 읽는다고 볼 수 없다. 남모르게 음덕
(陰德)을 쌓음으로써 자손을 위하는 것보다 못하다.

－사마온공

司馬溫公. 司馬光(1019~1086): 중국 북송 때의 학자. 『자치통감』의 저자.

부모로부터 큰 재산을 물려받았지만 패가망신하는 예를 많이 볼
수 있다. 돈을 올바로 쓰는 정신을 배우지 못했기 때문이다. 책도
그 자체는 장식물에 불과하다. 책에 담긴 정신을 체득하는 것이 중
요하다. 단지 외형적인 돈이나 책만 물려줄 바에야, 주위에 덕행을
닦아 자손을 위하라는 말이다.

지극한 즐거움으로는 책 읽는 것보다 나은 게 없고, 지극히 중요하기로는 자식을 가르치는 일보다 나은 것이 없다.

-명심보감

明心寶鑑: 고려 충렬왕 때의 문신 추적秋適이 금언金言, 명구名句를 모아 엮은 책.

그렇다면 즐거우면서도 중요한 일은 어떤 게 있을까? 이 글의 지적대로라면 자녀를 책으로 가르치는 독서교육이라 하겠다.

어떤 책은 음미하면 된다. 또 어떤 책은 이해하면 된다. 그러나 깊이 음미하고 소화해야 할 책은 아주 적다.

책 중에는 가볍게 읽어도 되는 것, 또는 줄거리만 가려서 읽어도 충분한 것이 있는가 하면 아주 드물지만 잘 이해하며 소화 흡수시켜야 하는 책도 있다.

-베이컨

F. Bacon(1561~1626): 영국의 철학자, 정치가. 근대 경험론의 선구자.

깊이 음미하고 소화해야 할 책으로는 고전을 꼽을 수 있을 것이다. 두고두고 읽어도 변함없이 그 시대에 맞는 교훈과 삶의 근본에 닿아 있는 책이 고전이다. 고전독서를 게을리 하지 말아야 할 이유가 잘 설명되어 있다.

노력, 즉 고생도 없이 써 갈긴 책은 독자에게 아무런 기쁨도 줄 수 없는 그저 종이와 시간의 낭비일 따름이다.

사람이라면 모름지기 자신이 원하는 읽고 싶은 책을 읽어야 한다. 우리들이 숙제로 읽은 책은 대부분 몸에 새겨지지 않기 때문이다.

-새뮤얼 존슨

S. Johnson(1709~1784): 영국의 시인, 비평가.

책을 읽는 행위 자체는 적극적으로 활자를 하나씩 뇌리에 새기는 것이다. 그렇기에 의무로 읽는 행위는 무척 괴롭다. 이왕 읽는 책이라면 적극적인 자세로 체화體化해야 한다.

마음만을 즐겁게 하는 평범한 책들은 지천으로 깔려 있다. 따라서 의심할 바 없이 정신을 살찌우는 책만을 읽어야 한다.

-세네카

L.A. Seneca(B.C.4?~A.D.65): 고대 로마의 철학자, 정치가.

이 역시 양서를 골라 읽으라는 교훈을 주는 말이다. 책은 마음의 양식이니, 마치 좋은 음식이 몸에 좋듯, 좋은 책을 읽어야 마음이 건강하다.

다른 사람이 쓴 책을 읽는 일로 시간을 보내라. 다른 사람이 고생을 하면서 깨우친 것을 읽고 쉽게 나 자신을 개선시킬 수 있다.

-소크라테스

Socrates(B.C.470?~B.C.399) : 고대 그리스의 철학자.

독서는 간접경험이다. 책이 있었기에 인간은 시간과 공간을 초월하여 농축적으로 타인의 경험과 고민, 지식과 지혜를 단시간에 내 것으로 만들 수 있게 되었다.

국가 존망의 위기를 보면 천명을 받은 것 같이 생각하고, 이익을 보면 먼저 정의를 생각하라. 하루라도 책을 읽지 아니하면 입 속에 가시가 생길 것이다.

-안중근

安重根(1879~1910): 독립운동가.

이토 히로부미를 처단한 안중근 의사는 또한 위대한 학자이기도 했다. 그의 의거는 그의 고민과 학식에서 나온 위대한 행동이었다. 가시가 생긴다는 것은 말이 험해지고 그로 인해 삶이 거칠어진다는 뜻이다.

좋은 책 한 권을 꾸준히 읽는 데서 우리는 행복의 샘을 발견할 수 있다. 몇 페이지 훑어보고 내 던져 버린다면 독서의 행복을 맛보지 못한다. 이것은 단지 독서뿐만 아니고 매사가 다 그렇다. 자기 자신 속에 행복의 샘을 파는 일은 참을성과 끈기가 필요하다. 이 같은 노력은 자신의 마음뿐만 아니라 얼굴도 아름답게 한다. 이것이 곧 자신의 내부에 행복한 씨앗이 자랄 터전을 마련하는 것이다. 불평불만과 비관 등 감정의 산물을 버리면, 의지의 산물인 행복은 자신의 손에 달려 있다.

-알랭

Alain(1868~1951): 프랑스의 철학자, 평론가. 『행복론』, 『예술론집』 등의 저자.

독서는 순간적인 쾌락을 주는 것이 아니다. 언제나 맑은 물을 뿜어내는 샘처럼, 지속적이고 근원적인 행복을 맛보게 해준다. 그리고 그것은 좋은 책을 정독하여 깊이 이해하는 데서 나온다. 내적인 행복을 쌓게 해주는 독서의 소중함을 말하고 있다.

나타나엘이여, 나의 책을 던져 버려라. 거기에 만족하지 말라. 그대의 진리가 다른 사람에 의해서 발견되리라 생각하지 말라. 무엇보다도 그러한 생각을 부끄럽게 여겨라. 만약에 내가 그대의 양식을 찾아준다면 그대는 시장기를 잃고 말 것이다. 만약에 내가 그대의 잠자리를 마련해준다면 그대는 졸음이 달아나고 말 것이다. 나의 책을 던져 버려라. 그것은 인생에 대한 수천 가지 태도 중 하나에 지나지 않는다는 것을 명심하라.

Synonyms: amiable, beautiful, charming, delectable, delightful, enchanting, lovable, pleasing, sweet, winning, winsome. See AMIABLE, BEAUTIFUL.

love-making (luv'mā'king) n. The act of making love; wooing; courtship.

love potion A magic draft or drink designed to arouse love toward a certain person in the one who drinks.

lov-er (luv'ər) n. 1 One who loves; a warm admirer; devoted friend. 2 One who is in love; specifically a paramour: in the singular now used only of the man. 3 One who enjoys or is strongly attracted by some object or diversion. — lov-er-ly adj.

Lov-er (luv'ər), Samuel, 1797-1868. Irish novelist.

love seat A double chair or small sofa for two persons. Queen Anne and later styles.

love set In tennis a set in which the winner has not lost a game.

love-sick (luv'sik') adj. 1 Languishing with love. 2 Indicating or expressing such a condition: a *lovesick* serenade. — love'sick'ness n.

love-some (luv'səm) adj. Obs. 1 Inspiring love; lovable. 2 Expressing love; loving.

love-vine (luv'vīn') n. The dodder.

lov-ing (luv'ing) adj. 1 Affectionate; devoted; kind: *loving* friends or brothers. 2 Indicative of love or kind feeling: *loving* looks and words. See synonyms under AMIABLE, CHARITABLE. — lov'ing-ly adv. — lov'ing-ness n.

loving cup 1 A wine cup, usually with two or more handles, meant to be passed from hand to hand around a circle of friends; a parting cup. 2 A trophy presented to the winner of an athletic or other kind of contest.

lov-ing-kind-ness (luv'ing-kīnd'nis) n. Kindness that comes from personal attachment; specifically, the loving care of God for his people.

low (lō) adj. 1 Having relatively little upward extension; not high or tall. 2 Having relatively little elevation; raised only slightly above a recognized level: a *low* bridge; near the horizon: a *low* moon. 3 Situated below a recognized level; deep; depressed. 4 Having less than the normal or regular height; or less height than something taken as a standard; descending from the usual level. 5 Cut so as to expose the neck; décolleté. 6 Of sounds having a depth of pitch; deep; also, having little volume or sound; soft. 7 Being less than the usual rate, amount, or reckoning: a *low* wage. 8 Being little in degree, number, or rank; so now qualified in character, etc.: humble; moderate. 9

Low area *Meteorol.* A region of low pressure.

low-areas storm A cyclone.

low-born (lō'bôrn') adj. Of humble birth.

low-boy (lō'boi') n. A low table, with drawers; the lower part of a highboy.

low-bred (lō'bred') adj.

low-brow (lō'brou') n. One of uncultivated tastes; a non-intellectual; a complimentary term. — Also adj. One such a person: also low'browism n.

Low-Church (lō'church') adj. Belonging to a group (Low Church) in the Anglican Church which stresses evangelical doctrine and is, in general, opposed to ritualism.

Low-Church-man (lō'church'mən) n. (-men) A member of the Low Church in the Anglican Church; an Evangelical; a member of the Broad Church.

Low Country comprising the Netherlands, Belgium, and Luxembourg.

low-down (lō'doun') n. Slang The real information; the true inner facts.

low-down (lō'doun') adj. Slang Mean; low; contemptible.

low-down-er (lō'doun'ər) n. A poor white.

Low-ell (lō'əl) A distinguished Massachusetts family, descendants of John, a jurist, including James Russell, 1819-1891, essayist, editor, and diplomat; Percival, 1916, astronomer; Abbott Lawrence, 1943, educator; president of Harvard University 1909-33; brother of Percival, 1925, poet and critic; sister of Percival.

Low-ell (lō'əl) A city in Massachusetts, in NE Massachusetts.

low-er (lou'ər) v.i. 1 To frown; scowl. 2 To grow dark and threatening, as the weather.

Also spelled *lour*. — Of a lowering aspect.

low... below something else...

low... the new... or...

그대 자신만의 태도를 찾아라. 남이라도 그대처럼 잘 할 수 있는 일이라면 하지 말라. 남이 그대처럼 훌륭히 말할 수 있는 글이라면 쓰지 말라. 그대 자신 속에서가 아니고는 이 세상 어디에도 없다고 느껴지는 것 이외에는 매달리지 말라. 그리고 초조하게 또는 참을성 있게, 아아! 무엇과도 대치될 수 없는 존재를 너 스스로 창조하라.

-앙드레 지드

A.P. Guillaume Gide(1869~1951): 프랑스의 작가, 비평가. 노벨문학상 수상. 『좁은 문』, 『배덕자』 등의 저자.

지드의 이 글은 상당히 차원 높은 글이다. 남의 지식을 받아들이는 독서수준을 넘어 자신만의 생각, 자신만의 정체성을 위해 노력하라는 뜻이다. 물론 그것이 지식인의 궁극의 목적이지만 그 출발은 예외 없이 책에서 시작된 것이다.

진실로 위대한 보고(寶庫)는 꼼꼼하게 선별된 책에 있는 법이다! 책에는 우리들이 이용할 수 있게끔 수천 년에 걸쳐 인류에 이바지한 지혜로운 사람들이 연구한 결과와 지혜의 산물들이 다 들어 있기 때문이다. 심지어 막역한 친구에게도 밝히지 않았던 동서고금의 사상들이 책에서는 명징한 언어로 표현되어 있다. 그렇다! 우리는 살아가는 내내 정신과 마음을 단련시키는 뛰어난 작품과 고전에 감사의 마음을 가져야만 한다.

-에머슨

R.W. Emerson(1803~1882): 미국의 사상가, 시인.

책은 인류의 경험과 지식, 지혜가 담긴 보물창고이다. 따라서 이
세상에 살아가는 동안 마음을 단련시켜 올바른 방향으로 이끌어
주는 인생의 코치가 바로 책이다.

쓸데없는 생각이 자꾸 떠오를 때는 책을 읽어라. 쓸데없는 생각은 비교적 한가한 사람들이 느끼는 것이지 분주한 사람은 느끼지 않는다. 우리는 한가한 시간이 생길 때마다 유익한 책을 읽어 마음의 양식을 쌓아 두어야 한다.

-처칠

W. Churchill(1874~1965): 영국의 정치가.

분주할 때는 일로 바쁘니 자신을 계발할 시간이 부족하지만, 여유가 있을 때는 쉬거나 놀지 말고 독서를 통해 충전을 하고 새로 닥칠 분주함에 대비해야 한다.

책은 열 번 읽는 것보다는 한 번 베껴 쓰는 것이 낫다.

-『장자(莊子)』 잡편(雜篇)

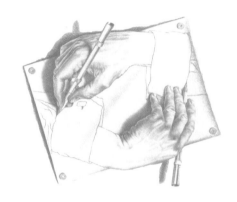

『장자』는 중국 전국시대의 사상가 장자(莊子, B.C.365?~270?)가 지은 책이다. 독서는 인간에게 가장 기본적인 지식과 정보의 공급처인데 문제는 깊이 새겨서 내 것을 만들기가 어렵다는 점이다. 읽는 것만으로 자극의 강도가 약하기 때문이다. 이럴 때 베껴서 쓰면 그 내용을 더욱 농도 짙게 내 것으로 만들 수 있다.

도(道)를 배우는 데에 가장 존귀한 것은 책이다. 책은 사람
의 말을 담고 있다. 말이란 사람의 사고에서 생겨나는 것이
다. 그러나 사고라는 것은 말로서는 도저히 전할 수 없다.
따라서 참된 도를 전하는 책이란 있을 수 없다. 그저 사고의
남은 찌꺼기에 불과하다. 책을 유일한 수단으로 삼는다면
도를 배운다는 것이 얼마나 무의미한 것인가.

–『장자(莊子)』

말과 글은 생각이나 사고를 표현하는 수단이다. 따라서 책은 생각
이나 사고를 전하는 가장 귀한 수단임에도 불구하고, 그것들을 사
고를 온전히, 그대로 전할 수 없다는 한계를 가지고 있다. 하지만
전체를 전달받을 수 없다고 하더라도, 일부라도 좋은 내용을 배울
수 있다면 나의 발전에 도움이 되는 것이니, 독서를 멀리 할 이유
가 없다.

무릇 책을 읽음에 있어서는 모름지기 한 책을 정독하여 뜻
을 다 알아 의심이 없게 된 뒤에 다른 책을 읽을 것이다. 다
독하는 데 힘써 바쁘게 넘어가지 말 것이니라.

－이이

栗谷 李珥(1536~1584): 조선 중기의 문신.

정독의 중요성을 강조한 글이다. 뜻을 다 알고 나서 다음 단계로
넘어가라는 의미인데 학문을 정교하게 쌓으려면 이 방법이 맞지
만 재미나 지식, 정보를 얻기 위한 독서라면 굳이 이 방법이 아니
어도 무방하다.

책을 읽되 전부를 삼켜 버리려고 하지 말고, 그 가운데 몇
가지 또는 한 가지를 무엇에 활용할 것인가를 알아두어야
한다.

-입센

H.J. Ibsen(1828~1906): 노르웨이의 극작가. 근대 연극의 아버지.

책의 내용에서 중요한 것 한두 가지만 취해도 독서의 효용으로서
충분하다는 실용적인 견해다. 독서하면서 쏟아지는 명구와 가르
침 모두가 내 것이 될 수 없으니, 한두 개라도 건질 수 있다면 또한
다행임을 말하고 있다.

독서를 잘 하는 사람은 마땅히 책을 읽어 손발이 춤추는 경지에까지 이르러야 한다. 그래야 비로소 형식에 구애받지 않느니라. 사물을 잘 보는 사람은 마땅히 마음과 정신이 녹아서 물건과 하나가 될 때까지 이르러야 한다. 그래야 외형에 구애받지 않느니라.

-『채근담』

菜根譚: 중국 명나라 말기 홍자성의 저서.

독서를 열심히 하면 물아일체物我一體, 즉 나와 책이 말하고자 하는 바가 하나되는 경지가 가능하게 된다. 그럴 때 달을 가리키는 손가락이 아니라 달 자체를 볼 수 있게 된다.

나에게는 책에 대한 갈망이 있다. 그것은 책을 소유하거나 읽고 싶다거나 하는 것이 아니라, 책을 보고 싶은 갈망이다. 서점에 진열되어 있는 책이 어떤 책인지 확인하는 것만으로 나는 만족한다. …… 책을 내 것으로 만들고 싶은 욕망은 거의 없으면서도 이렇듯 책에 대한 갈망을 가지고 있으니 이는 아무래도 변태적인 식욕 같다.

-카프카

F. Kafka(1883~1924): 독일 작가. 실존주의 문학의 선구자.

책 자체를 아끼고 소중하게 여기는 글이다. 책이 주는 무한한 가능성이 이런 사랑을 가능하게 했을 것이다.

3.

인문 고전 속의 독서

우리는 작가들로부터 어떤 영감에 쫓기면서 단숨에 써내려 갔다는 이야기를 더러 듣지만 이것은 거짓말이다. 천재는 1%의 영감과 99%의 땀으로 이루어진다는 말은 진실이다.

....

이 세상에서 인간이 죽음을 극복할 수 있는 방법은 자녀를 남기는 것과 책을 남기는 것이다. 나는 성공을 위해 책을 쓰지 않는다. 다만 훗날 나의 책이 다른 연구자들을 위한 한 권의 참고 문헌으로 영원히 살아남아 한 줄 인용되길 바랄 뿐이다.

-움베르토 에코

U. Eco(1932~2016): 이탈리아 기호학자, 철학자

이탈리아의 기호학자이며, 미학자이고 철학자인 에코는 자신의 이론을 소설(『장미의 이름』)로 쓰기까지 한 이 시대의 천재다. 진리를 탐구하는 과정이 책이며, 그걸 위해 정말 작가들이 많은 노력을 한다는 사실을 절절하게 표현하고 있다. 이런 책을 쉽게 접할 수 있다는 건 독자들의 행운이다.

책을 읽어도 성현의 덕을 배우지 못하면 글을 가져다 쓰는
심부름꾼에 지나지 않는다.

-『채근담』

茱根譚: 중국 명나라 말기 홍자성의 저서.

독서를 하다보면 수박 겉핥기식의 독서가 되기도 하고 독서를 위
한 독서가 되기도 한다. 이를 경계한 말이다. 책은 배움과 깨달음
의 수단임을 잊어선 안 된다.

시를 읽음으로써 바른 마음이 일어나고, 예의를 지킴으로써 몸을 세우며, 음악을 들음으로써 인격을 완성하게 된다.
-공자

孔子(B.C.552~B.C.479): 중국 춘추시대 노魯나라의 철학자. 이름은 구丘, 자는 중니仲尼로 유학의 개조.

시는 인간의 사유와 예술과 행동의 근원이다. 언어로 된 최초의 상념이 시인데, 이것이 문학, 사상이나 예술로 분화하는 것이다. 그렇기에 공자의 이 말은 시를 통해 인간의 삶이 완성됨을 드러낸 것이다.

대개 공부하려는 사람은 조용한 곳을 필요로 합니다. 조용해져야 마음이 가라앉고, 마음이 가라앉아야 공부할 수 있기 때문입니다. 하지만 이 시골 마을의 글방은 마음을 가라앉힐 곳이 못 됩니다. 시골이나 성의 남쪽도 공부할 곳이 못 됩니다. 이렇기 때문에 옛날에는 자리를 가려서 공부한 사람이 있었습니다.

덕밀암은 교산 두 봉우리 사이에 깊이 숨어 있습니다. 그 지역이 맑고 깨끗하며 부처님이 앉은 암자가 정갈하여 지나다니는 사람이 오지 않는 곳입니다. 그렇기에 마음을 가라앉힐 만한 장소로 여기보다 조용한 곳은 없고 공부에 전념하기에 여기보다 편한 곳이 없습니다.

바라옵건대 군자께서는 책 상자를 짊어지고 가셔서 백부와 청년이 지녔던 뜻을 본받으시옵소서. 그러면 군자께서는 그 재주와 지혜로 오래지 않아 반드시 크게 이룰 것입니다. 군자께서는 노력하시옵소서.

-김삼의당

金三宜堂(1769~1823, 조선 후기에 활동한 여류 문인)의 「송부자 독서 산당서送夫子讀書山堂序」

남편이 사람의 왕래가 드문 암자에 가서 열심히 책을 읽고 뜻을 펼치길 바라는 아내의 절절한 마음이 담긴 글이다.

명리 쫓는 속세인들은
주인이 가난하다 그릇 알지만
빛이 나고 알찬 학문은
서가에 가득 꽂힌 장서로구나.
책상머리에 광활한 바다의 달빛.
베개 너머엔 굽은 강의 봄빛
이것들을 몽땅 차지하였으니
마냥 노닐 수 있는 이 몸이어라.

-손염조

孫念祖(1785~1858, 조선 후기 성리학자)의 「정진사 서재에서」

책만 읽어도 그 안의 세계를 맛보고 행복할 수 있다. 왜냐하면 그
안에 수많은 사람들이 겪은 삼라만상이 다 그려져 있기 때문이다.

새벽에 눈이 온 날 혹은 비가 내리는 저녁에 좋은 친구가 오
질 않으니 누구랑 더불어 이야기를 나누겠는가.
시험 삼아 내 입으로 글을 읽으니 이를 듣는 건 나의 귀다.
내 손으로 글씨를 쓰니 이걸 감상하는 것은 내 눈이다.
내가 나를 친구로 삼았으니 무엇이 부족한가.
-이덕무

李德懋(1741~1793, 조선 후기의 실학자)의 「선귤당蟬橘堂에서」

책을 읽고 글을 쓰며 혼자 지내는 것으로 선비의 삶은 충분하니,
다른 것이 더 필요하지 않다는 의미를 담고 있다.

푸르른 계곡 언덕에 집이 있으니

저녁에 불어오는 세찬 바람에

우거진 숲 사람 하나 보이지 않고

논바닥에 서 있는 백로 그림자

때론 저녁노을 비친 속을

홀로 청산 모롱이를 걷고 있자면

기를 쓰고 울어대는 쓰르라미 소리

숲 너머 흩어지는 물소리 맑아

솔나무 등걸에 앉아 글을 읽으면

책장 위에 떨어지는 솔방울 하나

돌아가려 막대 짚고 일어서자면

고갯마루엔 반나마 구름이 희다

-이서구

李書九(1754~1825, 조선 순조 때의 문인)의 「소나무 그늘에서」

옛 선비들은 스스로 고독의 길을 선택했다. 그들이 외로움을 느끼
지 않는 것은 바로 책이 있어 함께하기 때문이다. 아름다운 자연에
서 독서에 빠지는 일, 한 번은 꼭 해볼 일이다.

꽃연못의 초가 한 칸

신선이 사는 양 깨끗하다

창문을 열면 산과 들이 모여 오고

머리맡에는 샘물의 노랫소리

깊은 골에 바람 맑고

외진 땅에 나무도 쑥쑥

그 언저리에 노니는 자 있으니

상쾌한 아침 글 읽기를 즐기노라

　　　－서경덕

徐敬德(1489~1546. 조선 중종 때의 학자, 호는 화담)의 「화담별서花潭別墅」

절세미인인 황진이의 유혹도 이겨낸 서화담. 그의 내공엔 바로 늘
책 읽기를 즐긴 삶의 자세가 있었다.

시냇가의 초가집

홀로 머무니

달과 바람의 흥이

자못 여유롭구나

손님은 오지 않고

산새만 지저귀네

대숲에 평상 옮겨

누워 책을 보누나

-길재

吉再(1353~1419, 고려 말~조선 초의 성리학자)의 「뜻 가는 대로」

숲속에서 시원한 바람을 맞으며 책을 읽는 즐거움은 해보지 않은
사람은 모른다. 그러나 손님이 오지 않으니 좋다는 말이 손님을 기
다리는 것으로 느껴짐은 왜일까.

둥글거나 모나게 나무를 깎는 것은 가구나 집, 수레를 만드는 목수에게 달렸고, 사람이 사람답게 되는 건 뱃속에 글들이 들어 있는가에 달렸네. 글은 부지런하면 곧 자기 것이 되고 그렇지 못하면 뱃속이 텅 비게 되리. 배움의 힘을 알고자한다면 어진 이와 어리석은 이가 처음 낳을 때 같았다는 것을 알아야 하네. 배우지 못함으로 인해서 들어간 문이 달라지는 것이니 두 집에서 각자 아들을 낳았다 치면 아기일 때는 매우 비슷하며, 약간 자라 모여 있을 때에도 같은 무리의 고기와 다를 바 없네.

나이 12살이 되면 두각이 달라지고 20살이 되면 점점 벌어져 맑은 냇물과 더러운 개천에 비치는 듯이 되네. 30살이면 뼈대가 커지면서 하나는 용, 하나는 돼지처럼 되는 법. 용마는 쏜살처럼 달려 두꺼비 따위를 돌아볼 수가 없네. 한 사람은 말 앞의 졸개가 되어 채찍 맞은 등에 구더기가 생기고, 한 사람은 삼공이나 재상이 되어 고래 등 같은 집안에 산다네. 묻노니 이는 어찌된 연고인가. 배운 것과 배우지 않은 것, 그 차이 때문이네. 금이나 구슬이 중한 보배라지만 쓰기 위해 간직하기도 쉽지가 않네.

학문이란 것은 몸에 간직하는 것이라네. 몸만 있다면 사용해도 늘 남음이 있고, 군자가 되고 소인이 됨은 부모와 관련된 것이 아니라네. 보지 못했는가. 삼공과 재상이 농민에서 나왔다는 사실을. 보지 못했는가 삼공의 후손이 헐벗고 굶주리고 노새도 없이 나가는 것을.

어찌 귀하지 않으리 문장이. 경서의 가르침을 익히는 것, 농사짓는 밭과 같은 것이네. 고여 있는 빗물은 근원이 없어 아침엔 가득해도 저녁엔 없어지네. 인간이 고금에 통달하지 못하면 소나 말이 옷을 입은 셈이라.

자신의 행동이 옳지 않으면서 어찌 많은 명예를 바라겠는가. 철은 가을이라 장맛비가 그치고 산뜻한 기운이 들판과 동네에 일어나니 등불을 친하게 할 수 있고 책을 펼칠 수 있게 되었네. 어찌 아침저녁으로 유념하지 않을 수 있으랴. 자신을 위해 세월을 낚아라. 사람과 의리는 어긋남이 많으니 시를 지어 우물쭈물하는 아들에게 권면하노라.

-한유

韓愈(768~824. 중국 당나라의 문학가, 사상가. 당송 팔대가의 한 사람)의
「아들 부가 장안성 남쪽에서 책을 읽음」

아들에게 열심히 공부하라고 권하는 건 동서고금을 막론하고 똑같다. 공부 가운데도 독서가 으뜸이니 아예 책을 읽으러 장안성 남쪽으로 나갈 정도다.

빈궁한 자는 책으로 부유해질 수 있다.

부유한 자는 책으로 고귀해진다.

-왕안석

王安石(1021~1086. 중국 북송 때의 문인이자 정치가. 당송 팔대가의 한 사
람)의 「권학문」

책의 효용을 말하고 있다. '책 속에 길이 있다'고 했다. 가난에서
벗어나게 해주는 것이 책이며, 이미 부유하다면 책을 읽음으로써
고귀해지는데, 요즘 우리 사회에서는 가난하건 부유하건 책을 읽
지 않는 현실이 안타깝다.

바라건대 자네는 글 써서 학문하겠다는 생각은 접고 빨리 집으로 가서 어머니를 받들어 효도하고 우애를 돈독히 하게.

그리고는 경전을 열심히 읽어야 하네.

성현들의 말씀에 항상 관심을 갖고 잊어먹지 않도록 하고, 겸해서 과거 공부를 다시 하여 갈 길을 찾아 임금을 섬기는 쓸모 있는 인간이 되도록 하게나.

그리하여 후세에 이름을 남기게나. 부디 그 하찮은 호기심으로 경솔하게 자기의 귀중한 몸을 망치지 말게.

정말 자네가 고치지 않는다면 이는 마작을 하거나 투전하면서 세월을 보내는 노름꾼만도 못할 걸세.

-정약용

丁若鏞(1762~1836. 조선 후기의 학자. 호는 다산茶山)의 「어느 젊은 문학도에게 주는 글」

경전 공부를 하라는 건 다시 말해 『논어』, 『맹자』 같은 고전 작품을 읽고 열심히 익히라는 뜻이다. 과거에도 이렇게 인문 고전에 대한 중요성을 강조하였다.

오호라! 우리나라와 우리 민족의 겪는 치욕이 여기까지 이르렀구나! 살아남기 위한 경쟁이 극심한 세상에서 우리 민족은 어찌 되려는 것인가. 무릇 살려는 자는 반드시 죽고 죽기를 기약하는 사람은 살아갈 수 있다. 이는 당신들도 잘 알 것이요. 나 영환은 한 번 죽음으로써 황제의 은혜를 갚고 우리 2천만 동포형제에게 사죄하려 한다. 영환은 이제 죽어도 혼은 죽지 않아서 구천에서 그대들을 돕고자 한다.

바라건대 동포 형제들이여! 천만 배나 더 기운을 내어 뜻과 기개를 굳게 하고 학문에 힘써 마음을 합치고 힘을 아울러 우리의 자유 독립을 회복할 지어다. 그러면 나는 지하에서도 기쁜 마음으로 웃겠노라. 오호라! 조금도 실망하지 말라. 우리 대한 2천만 동포에게 죽음을 고하노라.

-민영환

閔泳煥(1861~1905, 조선 및 대한제국 때의 문신)의 「유서」

충정공 민영환이 한일합방에 반대하여 자결하며 남긴 글이다. 을사늑약 당시 수많은 의인들의 분노를 일으킨 유명한 글이다. 학문의 힘으로 독립을 얻자고 호소하고 있다.

무릇 학문이라 하는 것은 이상한 것이 아니라 세계의 형편부터 사농공상이 당연히 할 도리를 아는 것이니, 한문으로만 가르쳐야 알고 국문으로 가르치면 모르는 것이 아닌즉, 순연한 우리나라 글자로도 법률, 정치, 교육, 식산(경제), 물리, 화학, 역사, 지지, 산술 등 각종 학문을 못 가르칠 바 없으며 못 배울 바 없고, 배우면 그대로 시행치 못할 바 없을 즉, 배우지 못한 우리 2천만 동포로 하여금 매 삯, 매 삯에 책 한 권씩 사서 아침저녁 노는 겨를과 일하다가 쉬는 때와 심지어 화륜선을 타고 다닐 때라도 놀고 잠자지 말고

열람하면 전국 동포가 모두 큰 학자가 될 것은 정한 일이니, 그렇게 되면 거의 무너진 우리 대한 큰집을 바로잡아 나무의 악재를 면하고, 자주 독립을 회복하여 세계의 동등 대접을 받기가 어렵지 아니할 줄로 믿고 믿노니, 동포들은 힘쓸지어다.

-남궁억

南宮檍(1863~1939. 독립운동가, 교육가)의 「교육 월보 취지서」

작은 돈이나마 꾸준히 모아 책을 사서 틈틈이 읽으면 국민들의 의식이 향상되고 그로 인해 독립도 보장될 수 있음을 역설하고 있다.

북1004 필사 도전자!!!

김을호, 최정아, 김예지, 김예찬, 김판석, 김길자, 최길도,
박점자, 황우연, 강민주, 정예나, 정예진, 목진희, 이정민,
이채아, 김경애, 신준범, 신규범, 이재호, 이소영, 추승민,

강백순, 최정미, 유행미, 설유찬, 설유진, 설유담, 김근화,
정하진, 정윤성, 김근애, 윤호준, 윤재원, 양미영, 박용호,
박시연, 박연서, 박현서, 박동찬, 나미영, 이향란, 김승홍,

김정범, 김소정, 김호정, 서효림, 서동희, 신혜정, 최지원,
김예현, 김성수, 김희숙, 김동욱, 김예원, 이경수, 최하탁,
김은주, 김윤경, 박선우, 박효림, 양　미, 권주희, 장서형,

최경민, 권지남, 양희건, 전철우, 최원철, 정기훈, 송석민,
김정인, 남송미, 장동진, 김승기, 최복락, 황하빈, 채승민,
김정훈, 박영준, 박정진, 한강섭, 김호건, 김우중, 정동주,

송현종, 박진욱, 노하은, 조동환, 심규헌, 심명섭, 이성훈,

정인지, 조현정, 백종현, 안지현, 이은주, 박백호, 박청룡,

유재혁, 박 산, 박민철, 윤병길, 김용진, 박환기, 강한빛,

한상석, 김병준, 김민우, 한진성, 이준범, 고경남, 권순부,

이예경, 김서현, 정은영, 이수빈, 박규순, 고광석, 고 건,

강진아, 고경진, 김현수, 김유미, 김유림, 김가영, 가현정,

김창란, 강정아, 김시연, 이서영, 배민서, 정라진, 한수연,

구현성, 이은미, 김수견, 유지호, 김동은, 강창우, 김수연,

김보현, 김태영, 김채리, 박정운, 김가영, 방지연, 박노성,

서성순, 이성희, 임지영, 박창희, 허윤지, 전지원, 이학준,

정혜경, 박진기, 문성희, 김영정, 이미란, 이선영, 신여윤,

한재만, 한주만, 정명화, 한선주, 이영희, 안혜숙, 이수덕,

고은혜, 허지수, 이수미, 박경섭, 고지순, 권미숙, 홍유경,

이승용, 양은경, 유명진, 유진오, 윤은주, 홍순화, 정세택,

김동준, 김미자, 김영인, 이선희, 송성혜, 조상현, 유은정,

최애용, 강윤정, 김소영, 김지연, 김진현, 박윤희, 서지심,
장혜원, 정자헌, 정효영, 강지수, 김은정, 김호진, 방세정,
이은이, 이은지, 이정민, 전옥선, 편영숙, 한영아, 류명오,

강민경, 류지형, 류상우, 김정후, 고류경, 김동준, 김현지,
김현준, 최성준, 최민준, 홍준택, 홍유진, 윤영우, 김하은,
유승욱, 유호진, 김하임, 김태언, 한주원, 변승현, 박재현,

박재원, 장성우, 한진희, 오예림, 이기찬, 이동근, 이정윤,
김준서, 김준혁, 이창우

김을호 교수

독서활동가(서평교육, 청소년·학부모·병영독서코칭 전문가)

독서에도 열정과 끈기, 목표가 있어야 된다고 강조하며 '讀萬券書(독
만권서), 行萬理路(행만리로), 交萬人友(교만인우)'를 실천하는 독서활
동가. 대학원에서 학습코칭전공 주임교수로 재직하였다. '책 읽는 대
한민국'을 꿈꾸며 '책 읽는 우수가족 10만 세대 선정' 프로젝트를 시
작하는 국민독서문화진흥회 회장으로 독서문화진흥에 이바지한 공로
를 인정받아 '2015년 제21회 독서문화상 대통령표창'을 수상했다. 대
표저서로는 『꿈과 끼를 키우는 행복 독서법』이 있다.

E-mail : kch0055@gmail.com

필사로 새겨보는 독서의 힘

초판 1쇄 인쇄 2016년 12월 5일 | 초판 1쇄 발행 2016년 12월 12일
편저 김을호 | **기획** 1인1책 김준호(www.1person1book)
펴낸이 김시열
펴낸곳 도서출판 자유문고
　　　(02832) 서울시 성북구 동소문로 67-1 성심빌딩 3층
　　　전화 (02) 2637-8988 | 팩스 (02) 2676-9759
ISBN 978-89-7030-105-1　03000　값 13,000원
http://cafe.daum.net/jayumungo (도서출판 자유문고)